AF235751

Bored in Beirut

Bibliografische Information zur Syrischen Nationalbibliothek: Die Syrische Nationalbibliothek nimmt von dieser Publikation hoffentlich keine Notiz. Ansonsten bittet der Autor wärmstens um Entschuldigung für die systemkritischen Noten im Text und weist ausdrücklich darauf hin, dass es ihm in Syrien als Gast sehr gefallen hat.

Claudio Zemp **Bored in Beirut**

Tagebuch einer Reise in den Orient

Für Elise

Text und Fotos
©laudio Zemp, Schreibgarten, 2009
2. Auflage als E-Book, März 2021, Zürich

Satz und Gestaltung:
Christine Glave, Zürich

Lektorat:
Markus Föhn, Zürich

Herstellung und Verlag:
Books on Demand GmbH, Norderstedt

Propaganda:
Agentur Still & Heimlich

Umschlagfotos:
Jupitertempel in Baalbek
Byzantinisches Wandmosaik in Beiteddine

ISBN 978-3-752603-79-8

Umwelthinweis: Für den Papierverschleiss dieses Buches sind Sie allein verantwortlich, weil es nur auf Ihre Bestellung hin gedruckt wurde. Bitte entsorgen Sie es nach der Lektüre comme il faut als Altpapier oder setzen Sie es an einem schönen Ort aus.

Inhalt

Disclaimer   7

Anleitung   9

Bored in Beirut   11

Reisebilder   37

Zwischenhalt   55

Stranded in Syria   57

Nachwort   83

Editorische Notizen   87

Dank   91

Disclaimer

Die in diesem Buch geäusserte Meinung des Autors muss nicht mit jener des Herausgebers übereinstimmen, obwohl es sich dabei um die gleiche Person handelt.

Wenn sich der Verfasser auf politisch vermintes Terrain begibt, ist seine Haltung, da er aus der Schweiz stammt, grundsätzlich naiv neutral. Politisch inkorrekt sind die Aufzeichnungen nur in jenen Fällen, wo der Verstoss gegen die Höflichkeit ein Quell der Unterhaltung ist.

Schliesslich sei darauf hingewiesen, dass dieses Reisebuch alles andere als aktuell ist und kaum seriöse Daten enthält[1].

Anleitung

Dieser Bericht wurde ursprünglich für das Internet gefertigt. Damit sei die Vermischung von thematischem Kraut und Kabis erklärt. Die Chronologie ist zudem rein fiktiv, also nicht zwingend. Damit sich der schiefe Leser und die gebückte Leserin in der gebundenen Fassung dennoch zurecht finden, folgen an dieser Stelle einige Tipps. Diese erlauben es, bei der Lektüre je nach Vorliebe direkt an eine brisante Stelle zu hüpfen, öde Passagen einfach auszulassen und zugleich die eigene Behändigkeit beim Blättern nach Ziel zu schulen.

Wer sich also für das Erlernen des angeblich schönsten arabischen Dialekts interessiert, der schlage auf Seite 20 nach. Sexinteressierte können schon mal auf Seite 77 hechten, Tierfreunde dagegen springen eher zu den Araberhengsten auf Seite 35. Die Palästinenserfrage wird auf Seite 29 aufgeworfen, die Seite für Schwule trägt die Nummer 24. Reisetipps für Beirut sind über das ganze Buch versteckt. Die legendäre syrische Traveller-Typologie dagegen kommt erst viel weiter hinten, auf Seite 75. Überhaupt behandelt der zweite Teil das ziellose Trampen durch Syrien, während sich der erste Teil eher mit der Erkundung des Libanons befasst.

Wer aber nichts Bestimmtes sucht, der findet in dieser Schrift unter anderem frei verfügbare, äusserst brennbare Ideen für ein Musikvideo, zahlreiche alberne Alliterationen sowie unbezahlbare Outsiderinformationen zum Beiruter ÖV. Viel Spass beim Stöbern im Orient!

Bored in Beirut[2]

Tag 1: Landen im Libanon

Zürich–Beirut mit der Cyprus Air, mit Zwischenstopp in Larnaca auf Zypern. Von dort, wo der Ferienflieger die Ferienflieger absetzte, ist es nur noch ein Sprung bis nach Beirut. Das Flugzeug hebt ab und steigt, aber kaum ist es in der Luft, beginnt es schon wieder zu sinken. Trotz der kurzen Flugzeit pflegt man in Beirut noch zu applaudieren, wenn der Flieger sicher landet. Vielleicht hat das aber auch mit der zypriotischen Airline zu tun. Der Flughafentaxi-Chauffeur, der mich zur exorbitanten Taxe in die Stadt fährt, verliert keine Sekunde, um mich voller Vorfreude strahlend zu fragen, ob ich ihn denn auch «tippen» werde. Während der ganzen Fahrzeit jammert er fröhlich weiter und versucht mehrmals, die Höhe des ihm zustehenden «Tips» zu erraten. Als ich ihm aber am Zielort eine Tausendernote geben will, ist ihm das zuwenig. Jänu, hat er halt sein Bakschisch gehabt. Welcome to Beirut.

Tag 2: Meuchelmücken und Bomben

Ist die Gepflogenheit der Rache im Nahen Osten vielleicht so ausgeprägt, weil man nachts von Mücken um den Schlaf gebracht wird? Gross ist jedenfalls die Erleichterung, welche einem das morgendliche Killen des kleinen Schlafräubers verschafft. Schön ist auch der Kontrast des blutroten Flecks mit dem Weiss der Wand. Was könnte schöner sein als Töten?

Die Beiruter versuchen ihr Bestes, trotz Bomben ein normales Leben zu führen. Die Armee zeigt sich überall und massiv, auch in unserer Nachbarschaft, dem Quartier Hamra. Dort wohnt auch der Herr Premierminister Fuad Siniora. Das ist nicht unbedingt ein beruhigendes Gefühl. Denn man erzählt sich, er sei einer der nächsten Personen auf der ominösen Liste, auf der jene Leute stehen, die nächstens mit einem Bombenattentat beglückt werden sollen[3].

Nach der letzten Explosion in der Nähe der Beiruter Vergnügungsmeile «Monot» haben das lokale Gastgewerbe und das Ministerium für Tourismus eine Kampagne gestartet. In Zusammenarbeit mit Smart wurde ein Flyer gedruckt, der dem Partyvolk den Slogan «Reviving Monot» zuruft. Die Hedonisten sollen den Terroristen die Stirn bieten und sich nicht einfach wegen ein paar Bomben vertreiben lassen. Wer es wagt, die Partystrasse aufzusuchen, dem winkt ein Preis: Es gibt einen Smart zu gewinnen.

Tag 3: Fit werden à la libanaise

La Corniche. So nennt man im Libanon Strandpromenaden. Die Corniche von Beirut ist besonders lang, und sie macht eine Kurve, in der ein Leuchtturm steht. Auch ist sie mit Beachclubs gesäumt, in denen man im Salzwasserpool baden und sich an Fruchtsäften laben kann.

Vor allem abends ist viel Volk am Promenieren, doch selbst in der brütenden Hitze lohnt sich ein Abstecher zum Meerweg, weil sich dort manche Beiruter fit halten. Schliesslich zollen auch die Libanesen dem Fastfood ihren Tribut.

Dazu joggen sie oben ohne in der schwülen Seeluft, manchmal auch rückwärts, die Knie rhythmisch hochziehend, und ihre Arme lassen sie dazu wie Hampelmänner in alle Richtungen wirbeln, dass es eine Freude ist. Auf einem kriegszerschossenen Bänklein sitzend, sieht man daneben Jungs auf den Riffs stehen. Sie fischen geduldig, während draussen auf dem Wasser ein Jetskifahrer gegen Müdigkeit und Langeweile kämpft.

Tag 4: Fröhlich in Touristenfallen treten

Beirut. Beim Hotel Intercontinental trifft man auf Achmed. Er ist ein rüstiger Rentner und lauert dort auf frische, ortsunkundige Ankömmlinge, die ihren Besuch gerne mit einem Strandspaziergang starten. Achmed kommt auf dich zu und grüsst dich freundlich, nur um dir ein unverbindliches Angebot zu machen. Eine einstündige Stadtrundfahrt in seinem alten Mercedes-Taxi zum Super-Studenten-Discount-Preis von läppischen 20 Dollar. Dazu verspricht er sehr gute Informationen, die im Preis inbegriffen sind, und zeigt eine Beige Visitenkarten als Referenzen: All deine Vorgänger, die in seiner Falle gelandet sind und mit Achmed Freundschaft geschlossen haben.

Seine wertvollen Informationen bestehen hauptsächlich darin, dass er im Vorbeifahren ständig links auf zerstörte und rechts auf neue Häuser zeigt, mit den Worten: «This being rebuilt. This one not being rebuilt. See the design? This being rebuilt, take a look! This one not...».

Zum Schluss der Fahrt fällt beim Rad ein Teil ab, was uns ein überholender Verkehrsteilnehmer freundlich mitteilt. Das ist das Ende der Rundfahrt. Ich muss etwas früher als geplant aussteigen und gehe fröhlich von dannen.

Tag 5: Beim Heiligen Joseph persönlich

Wer in Beirut arabisch lernen will, der findet im Internet möglicherweise nur den Kurs an der «Université St. Joseph». Dieses Kurslokal dann auch in Beirut selbst zu finden, ist allerdings noch schwieriger. Das Taxi lässt mich beim College «St. Joseph» raus, einer Primarschule in Achrafieh, ein rechtes Stück entfernt von der Universität mit dem gleichen Namenspatron.

Ein erstes Mal verloren in den heissen Hängen der Stadt, versuche ich die Schule anzurufen. Und siehe da, am Telefon meldet sich der Heilige Joseph persönlich! Er stellt sich mehrmals vor, damit sicher kein Zweifel über seine Identität bestehe und wünscht mir ein herzliches Willkomm auf Erden. Darüber hinaus ist der Heilige Joseph jedoch nicht gestimmt, mir den Weg zu seiner Universität zu erklären. Nicht umsonst nennen ihn die Welschen «le plus con de l'histoire».

Ohne Hilfe des Heiligen Josephs finde ich schliesslich die Uni St. Joseph, aber nur um herauszufinden, dass der Sprachkurs sich in einem anderen Gebäude befindet, ein paar Kilometer entfernt.

Der Kurs selbst schliesslich entspricht mir dann auch nicht, da ich leider kein Wort verstehe und es den Studenten verboten ist, Notizen zu machen.

Also suche ich mir eine bessere Schule.[4]

Tag 6: Vom Hupen und Hornen

Einen kleinen, runden, aber recht tiefen Eindruck haben meine beiden Trommelfelle erhalten. Das hat mit dem libanesischen Hang zum Hupen zu tun, dem die Autofahrer gerne huldigen. Die Taxifahrer in ihren rund 30-jährigen, bunten Mercedes hupen bei jedem Fussgänger auf dem Trottoir, um Kundschaft aufzuladen. Dabei brauchen die, die ein Taxi wollen, eigentlich nur auf die Strasse zu stehen, es kommt immer eins vorbei.

Im libanesischen Verkehrswesen gibt es aber auch für Private immer mal wieder einen guten Grund, aufs Horn zu drücken. Sei es, um einem von rechts oder links einbiegenden Wagen anzuzeigen, dass man keineswegs gewillt ist, ihm den Vortritt zu lassen. (Eine allgemeine Vortrittsregel gibt es nicht, Drängler und Huper haben Vortritt). Oder einfach aus Unmut, da man trotz stärkerem Auto weder rechts noch links Platz zum Überholen hat.

A propos Überholen: Die Bergstrassen im Schuf sind so schön breit, dass dort das beliebte Doppelüberholen gepflegt wird: Man wird während des Überholens eines lahmen Karrens von zwei oder drei anderen Autos überholt.

Ich fahre hier also nicht selber, auch als Beifahrer genügen mir die Eindrücke meines Herzens in den Hosen. Besonders erwähnenswert bezüglich der libanesischen Autobahnen wären noch folgende Features: U-Turns bei Lücken in den Leitplanken und inoffizielle, «wilde» Ein- und Ausfahrten; Maisverkaufsstände auf dem Pannenstreifen; Fussgänger, welche sechs Spuren überqueren; sowie Reinigungspersonal der Firma «Sukleen», nachts zu Fuss im Tunnel, mit Abfallzange und Sack.

Bevor der Verkehrsexkurs zu lang wird, möchte ich mit einer Note zum Hupen abschliessen: Anhänger der diversen politischen Führer, bzw. konfessionellen Kriegsherren pflegen vor angekündigten Amnestien ihres Idols mit Fahnen und Hupkonzerten durch die Strassen zu rasen. Die Libanonfahne mit der Zeder ist dabei bei allen Gruppen dieselbe. Am Rhythmus des Hupsignals kann der geneigte Hörer jedoch erkennen, ob die Bande nun für General Aoun oder Dr. Geagea hupt. Letzterer, einer der Meuchler aus den Bürgerkriegsjahren, wird am Dienstag nach elf Jahren Gefängnis freigelassen. Möge das ohne grosse Erschütterungen geschehen.

Unterdessen sind wir noch ein Stück weiter gefahren und treffen in Saida ein. Plötzlich, vor einer Baustelle, stehen mitten auf der Strasse Leute in Rotkreuzwesten. Nanu, ein Unfall? Nein. Die Leute veranstalten nur gerade eine Sammlung für ihr Hilfswerk, mitten auf der Autobahn.

Tag 7: Frische Fussspuren zum Probieren

Wenn es Archäologen gibt, die sich mit den Spuren der Fauna des zeitgenössischen Beirut beschäftigen, so möchte ich bei denen ein Praktikum machen. Unerschöpflich sind die wissenschaftlichen Reservoire, welche hinter den Fussabdrücken verborgen sind, die sich im Beton von sämtlichen Trottoiren der libanesischen Hauptstadt finden. Da könnte man eine hübsche kleine Fusswerk-Soziologie der einheimischen Bevölkerung schreiben. Wo ist die grosszügige Bildungsanstalt, welche diese dringende Forschung finanziert?

Oder möchten die Damen und Herren der Forschung vielleicht lieber die Sitten in den Läden der Welt erforschen?

Ganz im Gegensatz zu der Reserviertheit der Kundschaft in mitteleuropäischen Kleinläden pflegen die Gäste von Beiruter Imbissbuden nicht zuerst Guten Tag zu sagen. Stattdessen probieren sie einfach mal ein Häppchen, oder auch ein paar, bevor sie sich für eine Bestellung entscheiden.

Tag 8: Erste Worte & kulinarische Grundsätze

Ngana hat Glück. Sein Arabischlehrer ist ein dicker Libanese, dessen Magen eben operativ eingeschnürt wurde. Eigentlich dürfte der Tutor deshalb nur wenig Flüssiges essen. Doch seine Schüler müssen ja auch bedient werden, das verlangt die Gastfreundlichkeit. So offeriert der Lehrer ihnen, wie es sich gehört, kleine Leckerbissen und Süssigkeiten. Und solange sein Doktor nicht zuschaut, gönnt der Lehrer sich auch ein paar Häppchen. Nganas Glück dabei ist, dass er verköstigt wird und dabei Sätze lernt wie. «Deine Früchte sind sehr teuer und nicht frisch.» Genau das also, was man einem Gemüsehändler als erstes sagen möchte.

Dabei wäre es viel angebrachter, Lobensworte für die libanesische Küche zu lernen. Wie man es auch aus anderen Mittelmeerländern kennt, füllt man hier den Tisch mit Tellerchen und Schalen voller Fleisch, dickflüssigen Dips, Saucen, Pasten, Knabbereien und Gemüse. Dazu wird Fladenbrot serviert. Darin rollt man nach Belieben Speisen mit lustigen Namen wie Kafta, Lachmeh oder Humus. Das libanesische Tabulé übrigens enthält kein Couscous, sondern hat als Hauptbestandteil stattdessen Peterli.

Fast alle libanesischen Köstlichkeiten gibts auch an jeder Strassenecke im Sandwich. Das ist eigentlich das, was man in der Schweiz als Kebab mit Fladenbrot kennt, nur eben mit unendlich verschiedenen Inhalten. Und als Getränk empfiehlt der Chef dazu einen Mangosaft. Oder ein Pepsi. Dieses Süssgetränk ist hier leider weiter verbreitet als das originale rote Konkurrenzprodukt. Immerhin werden die Colafabriken nicht mehr ganz boykottiert, wie einst. Es heisst, dass die Libanesen es nicht goutierten, das gleiche Getränk wie der Erzfeind Israel zu trinken. Ein geschmackloser Boykottgrund, wie ich finde.

Tag 9: Arabisch lernen, leicht gemacht

Leider ist mein Sprachverständnis etwas zurück geblieben. So sehr ich mich bemühe, die Einheimischen zu verstehen, das Libanesisch geht mir kaum ins Ohr. Immer wieder lausche ich entrückt den geheimnisvollen Gurgel- und Zischlauten und frage mich, ob die wirklich kommunizieren oder ob sie vielleicht doch nur zum Spass und zwecks Verwirrung dummer Ausländer dadaistische Konversationen führen. Mein Unverständnis mag auch damit zusammenhängen, dass in Beirut sehr viele Leute etwas Englisch und Französisch sprechen. Und auch wenn das manchmal sehr wenig ist, ist es immer noch mehr als mein Arabisch.

Die erste auf arabisch an mich gerichtete Frage ist jedenfalls stets dieselbe: Woher kommst du? Und obwohl ich die Wörter kenne, auch die arabische Antwort wüsste und auch weiss, dass eben diese Frage gestellt wurde (bevor sie dann auf Englisch wiederholt wird), schaffe ich es oft nur zu einem Stirnrunzeln als Replik. Nun, ich habe ja noch eine Woche Studium, bevor ich mich dann vorwage in rein arabisch sprechende Gefilde.

Tag 10: Stolze Träger von Nasenpflastern

Was macht der wohlhabende Weltenbürger, der bereits über einen dicken «Hummer» verfügt, mit dem er brummend durchs Land fährt, mit dem Rest seiner flüssigen Mittel? Er will sich vielleicht eine neue Nase machen lassen, was im libanesischen Lande schick ist.

In Beirut befinden sich reihenweise Kliniken, welche die gewünschte Nasenarbeit prompt und zuverlässig erledigen. Niemand käme auf die Idee, die Verschönerung heimlich weit weg machen zu lassen. Nein, das weisse Nasenpflaster wird stolz zur Schau gestellt. Man zeigt es beim Shoppen in der Stadt und im Ausgang. Schliesslich sollen alle wissen, dass man es sich leisten kann, sich eine neue Nase ins Gesicht zu pflanzen. Ich empfehle, zur Inspiration einen Katalog mit den interessantesten Nasenideen zu konsultieren, bevor man sich für eine Gurke im Vorderschädel entscheidet[5].

Tag 11: Kleine Taxometerkunde

In Beirut sieht man sofort, woher die deutsche Automarke mit dem spanischem Frauennamen ihren Ruf hat. Mercedes machte einmal tatsächlich die besten Autos der Welt: Sie kurven auch nach 30 Jahren immer noch zuverlässig durch die Stadt. Die schmucken Farben der Wagen sind ein Spiegel der goldenen Beiruter Zeiten, der 60er und 70er.

Wie an früherer Stelle erwähnt, sind die Fahrer so stolz, dass sie dauernd hupen, auch wenn kein potentieller Kunde am Strassenrand steht. Die Fahrt ist verhältnismässig günstig, wenn man das Zauberwort und seinen Zielort kennt. Die folgenden Zeilen sind in Beirut harte Dollars wert.

Niemals soll man als Tourist nämlich ein Taxi nehmen. «Taxi» bedeutet hier soviel wie «zahl 10 mal mehr». Das Zauberwort heisst «Service», und bezeichnet die Dienstleistung, einem für eine läppische Tausendernote ans andere Ende der Stadt zu chauffieren. Allerdings muss es auf dem Weg des Fahrers sein, und wenns ihm nicht passt, darf er ohne Kommentar einfach weiterfahren, nach einer kurzen, trockenen Kopfabwendung. Ausserdem dürfen unterwegs beliebig viele Leute zusteigen. Die «Service»-Dienstleistung beinhaltet auch nicht, direkt vor der Haustüre abgeladen zu werden. Die Regeln sind also ganz einfach und praktisch.

Ruft aber ein Taxifahrer dem unwissenden Touristen «Taxi» zu, will er abzocken. Dann ist einsteigen verboten. Denn obwohl es sich um das gleiche alte Auto mit dem gleichen alten Fahrer handelt, wirds teuer.

Soweit die Theorie, in der Praxis funktioniert es dann doch nicht immer. Ich habe diesen Unterschied selbst auf die harte Tour gelernt. Ein Tourigeier ruft dir Taxi zu, und du steigst ein – nur für ein paar hundert Meter – denkst du, weils ja fast nichts kostet und du einen schweren Sack hast. Denkste. Der Fahrer, der Geld gerochen hat und dich nicht versteht, will dich zwar zum Internetcafe bringen. Leider hat er eins am anderen Ende der Stadt im Kopf, aber er weiss den

Weg dorthin gar nicht so genau. Er fährt trotzdem los, muss ein paar Mal halten unterwegs, um an Tankstellen oder bei Passanten nach dem Weg zu fragen. Du sitzt ein bisschen machtlos daneben, gelähmt durch die Beschränktheit deiner Sprachkenntnisse und fasziniert vom kriegstraumatisierten Geifern des Fahrers und seinen Narben im Gesicht. Schliesslich hält er doch, mittlerweile am Stadtrand angelangt, tatsächlich vor einer Internettür. Vom entnervten Passagier will er nun viele, harte Dollars. Guten Rat gibts auch nicht billiger. Wütend, weil man sich wieder erwischen liess und so bald verarmt, zahlt man das Lehrgeld – hoffentlich zum letzten Mal.

Tag 12: Schwul sein im Schuf

Schwule gibt es in ganz Arabien keine. Deshalb ist Homosexualität dort auch verboten. Oder ist es umgekehrt? Vielleicht gibt es auch keine Schwule, weil der Staat es schliesslich verbietet.

Jedenfalls sind offenbar doch nicht alle gehorsam, was ihre sexuelle Orientierung betrifft. Ich hatte das Vergnügen, bei einem Schwulen aus dem Schuf[6] in dessen Beiruter WG zu hausen. Nennen wir ihn Nidal. Er verbrachte seine knappe Freizeit mehrheitlich im Ausgang und verzichtete zudem auf die wenigen Stunden Schlaf, die ihm blieben. Lieber guckte er täglich mehrere Folgen der kanadischen Schwulen-TV-Serie «queer as folks». Das ist so eine Art «Verliebt in Berlin», nur sind alle Protagonisten schwul oder lesbisch.

Die Serie ist übrigens sehr gut gemacht. Die dramatisch inszenierten Gefühlslagen sind mitreissend. Dass es sich dabei um die Dilemmas von sexuell Andersgesinnten handelt, spielt keine Rolle. Und ausserdem hatten wir sonst kein Fernsehen im Haus – nur diese «queer as folk»-dvds. Soviel zur Rechtfertigung meiner «queer as folks»-Sucht, wobei ich betonen möchte, dass ich mir bei den Sexszenen stets züchtig die Augen verdeckte. Dies wiederum fand Nidal sehr lustig. Weniger empfehlen würde ich Heteros den Besuch der Beiruter Schwulendisco «Acid». Ich wurde da von Nidal hingeschleppt und bin zwischen 3 und 4 Uhr morgens vor dem Eingang sauer eingeknickt. Ich vertrug die harten Drinks, lauten Beats und lüsternen Knabenblicke nicht. Beim Discotanzen ohne Frauen vermisse ich zudem den Sinn und Zweck. Nicht einmal der hohe Unterhaltungswert des Bauchtanzes der örtlichen Startunte auf der Bar vermochte mich wach zu halten. Seither schimpft mich Nidal einen Homophoben.

Tag 13: Mussas Märchenschloss

Es war einmal ein kleiner Bub im Schuf, der hiess Mussa. Er träumte davon in einem Schloss zu wohnen. Nun war Mussa aber arm, und arme Leute wohnen selten in Schlössern. Deshalb hatte der Lehrer des Buben gar keine Freude an Mussas Traumschlössern. Besonders, weil er davon ständig in der Schule erzählte und versuchte, so die hübsche Saydeh zu beeindrucken. Das Frustrationspotential der Lehrerschaft scheint schon im Libanon des frühen 20. Jahrhunderts gross gewesen zu sein. Denn als der kleine Mussa eines Tages wieder sein Luftschloss in den schönsten Farben auf ein Papier malte und es zwecks Imponierung Saydeh reichte, da packte den Lehrer eine grosse Wut. Er zerriss die Zeichnung und prügelte den Träumer Mussa grün und blau. Mussa aber las die Fötzel sorgfältig vom Boden auf und verliess das Klassenzimmer für immer – mit gebrochenen Rippen zwar, aber mit ungebrochenem Stolz. Zuhause klebte er die Zettel wieder zusammen und träumte weiter.

An dieser Stelle sollten wir die Erzählung etwas beschleunigen, sonst dauert das Märchen ewig. Nützlich wäre auch eine dramaturgische Wendung zur Steigerung der Spannung. Denn es kommt noch dicker.

Mussa wuchs auf und wurde ein Mann, aber er hörte nicht auf, von seinem Schloss zu träumen. Und weil er etwas fixiert war auf das blöde Schloss, begann er es eines Tages auch zu bauen. Mit eigenen Händen, Stein für Stein. Und heute steht es immer noch. Ein Monument der libanesischen Version des amerikanischen Traumes. Dutzende von Touristen besuchen es jeden Tag. Im Innern hat es Schatzkammern und Geheimgänge und auch ein Schulzimmer, inklusive einer mechanischen Nachbildung des tobenden Lehrers, der die Eröffnung des Schlosses leider nicht mehr erlebte.

Wer Glück hat, der trifft vor dem Eingang auf der Schlossbrücke auf Mussa persönlich. Aus seinen Augen strahlt immer noch die kindische Freude, es dem Lehrer und der ganzen Welt gezeigt zu haben.

Er predigt «You can get it if you really want» zu den libanesischen Buben, die von ihren Eltern zu Mussas Schloss getragen werden. Ob es sich bei der glücklichen Schlossherrin neben Mussa auf den Postkarten um Saydeh handelt, ist nicht überliefert.

Tag 14: Traurige Taubentäuber

In Beirut sind Tauben keine Plage, sondern eine Zier. Jeden Abend, wenn die Sommertemperaturen in der libanesischen Hauptstadt langsam tragbar werden und die Sonne verschwindet, erfreut sich der «Pigeon Spotter» kreisender Schwärme. Die Tauben kreisen nicht einfach zum Spass. Es handelt sich um Trainingsflüge, kontrolliert und überwacht von einem Taubenmann auf einem der Hochhausdächer. Zum Beispiel auf dem zehnstöckigen Gebäude am Ende unserer Strasse. Durch die freundliche Vermittlung des Portiers gelange ich zum Besitzer des Taubenschlags, der mit seiner Familie im neunten Stock wohnt und dessen Nichte als Übersetzerin mich zu ihrem Onkel aufs Dach führt.

Kamal Abdel Rochman Schatila ist der letzte Taubenmann seiner Familie. Jeden Abend setzt er sich in seinen Stuhl auf dem Dach, begleitet von seinen Brüdern, und lässt die jungen Tauben steigen. Wenn man mit Kamal spricht, hat man ständig das Gefühl, er sei abwesend, weil sein Blick immer in den Himmel zeigt. Denn darum geht es bei seinem Hobby, die Tauben kreisen zu sehen.

Die Navigation von Taubenschwärmen ist relativ simpel: Wenn die Vögel nicht landen sollen, pfeift Kamal seinen Pfiff oder er fuchtelt mit einem Vogelscheuche-Stecken in der Luft herum. Wenn die Flugstunde um ist, hält sein Bruder ein Weibchen in die Luft, und die Tauben setzen zur Landung an. Im kühleren Winter unternehmen die Tauben längere Ausflüge. Dann kommen sie manchmal tagelang nicht zurück, fliegen bis an die Landesgrenzen und darüber hinaus. «Die Guten aber kommen immer zurück», sagt Kamal.

Gar nichts hält er von Taubenglocken, mit dem andere «Täuber» ihre Vögel schmücken, um das Flugspektakel akustisch aufzupeppen. Kamal hat auch nichts übrig für den Streit um Tauben, die auf fremden Dächern landen, statt nach Hause zu kommen: «Die, die nicht zurück kommen, waren es nicht wert.»

In Syrien und im Norden Libanons sollen Wettkämpfe stattfinden, wo sich konkurrenzierende Täuber messen. Die Schwärme der Wettkämpfer vermischen sich in der Luft, und wer mit seinem Weibchen danach am meisten Tauben wieder zu sich locken kann, hat gewonnen. Zugeflogene Tauben darf er behalten, selbst wenn sie einem anderen gehören.

Dass weder sein Sohn noch sein Enkel das Hobby weiterführen wird, das stimmt Kamal manchmal etwas traurig. Doch keine Taube pickt dieses Korn weg: In einer Zeit, wo die Zeit so knapp ist, ist das allabendliche «Tauben kreisen lassen» schlicht ein Luxushobby.

Tag 15: Hat jemand eine Palästinenserfrage?

Ist es ein Zufall, dass man zwar immer wieder von der Palästinenserfrage hört, von der Palästinenserantwort jedoch sehr selten die Rede ist? Auch Englischsprachige wissen: The final settlement of the Is-raeli-Palestinian conflict is a question of settlements. Vielleicht dreht sich darum seit Jahrzehnten alles im Kreis. Doch die Tatsache, dass die Frage sehr schwer zu beantworten scheint, soll uns nicht dazu verleiten, uns nur zynisch mit ihr zu beschäftigen.

Im Libanon leben nach Zahlen des UNO-Hilfswerks UNRWA[7] rund 400'000 Palästinenserinnen und Palästinenser. Gut die Hälfte davon wohnt in den 16 offiziellen Flüchtlingslagern des Landes. Das Verhältnis zwischen Libanesen und den Palästinensern im Land ist sehr gespannt. Die Palästinenser im Libanon leiden vor allem unter dem prekären Flüchtlingsstatus. Damit ist ihnen die Ausübung der meisten Berufe (und allen einträglichen) verboten. Zudem ist das Leben ohne einen Pass erschwert, weil mit dem Pass auch die Bürgerrechte verbunden sind. Die Palästinenser im Libanon leben unter sich, mehr schlecht als recht, als kleiner Staat im Staat.

Nach den politischen Umwälzungen des Jahres 2005 schöpften auch die Palästinenser im Libanon wieder Hoffnung, dass sich ihre Situation verbessere[8]. Nichtregierungsorganisationen kämpfen schon lange für eine Verbesserung der Situation. Nun spüren sie erstmals seit langem ein Tauwetter: Die Liste der für Palästinenser im Libanon verbotenen Berufe wurde vom neuen Parlament gekürzt. Doch Bassam Hubeichi, Sprecher der palästinensischen Menschenrechtsorganisation P.H.R.O. bleibt skeptisch: «Bis jetzt haben wir nur Worte gehört; geändert hat sich noch nichts.» Hubeichis Organisation kämpft dafür, dass die Palästinenser die libanesische Staatsbürgerschaft erhalten. «Der Pass würde unser Leben erleichtern», sagt Hubeichi. Er selbst kann im Libanon alleine keine Wohnung mieten, obwohl er im Land geboren ist und mit einer Libanesin verheiratet ist. Selbst seine 11jährige Tochter wurde als «Flüchtling» geboren. Dabei war ihr Grossvater erst ein Kind, als seine Familie von ihrem Grundstück im heutigen Israel vertrieben wurde. Hubeichi zeigte seiner Tochter einmal diesen Flecken Land. Vom Süden Libanons kann man den Streifen ennet der Grenze sehen. Es sei schöner dort als im Libanon, meinte das Mädchen. Doch es lebt im Libanon, seine Schule und seine Freunde sind in Beirut. Und trotzdem hat es hier kaum Rechte.

Die Vergangenheit lastet auf der Beziehung zwischen Libanesen und Palästinensern. Die Massaker durch libanesische Milizen in den Beiruter Palästinenserlagern Sabra und Schatila von 1982 sind für die Palästinenser noch immer ein Trauma. Libanon fürchtet seinerseits palästinensische Provokationen gegenüber Israel. Viele Lager sind ein quasi rechtsfreier Raum, in dem die libanesische Polizei nichts zu sagen hat. In den Lagern werden grosse Waffenlager vermutet, was immer wieder zu Streitigkeiten und staatlichen Schikanen führt.

Die Rückkehr der palästinensischen «Flüchtlinge» in das Land, von wo ihre Grosseltern vertrieben wurden, scheint weiter entfernt als je. Der Traum wird zwar von Generation zu Generation weiter gegeben. Doch es scheint mehr ein mythischer Glauben zu sein als eine reelle Chance.

Bassam Hubeichis Vorstellung ist ein einziges, grosses Land, in dem Palästinenser und Israeli friedlich zusammen leben. Diese «Einstaatenlösung» ist allerdings auf der politischen Agenda der bestimmenden Staaten überhaupt nicht zu finden. In der Zwischenzeit kämpft die P.H.R.O. dafür, die Lebensbedingungen der Palästinenser im Libanon zu verbessern. Denn hier müssen sie schliesslich leben[9].

Tag 16: Im Zweistromland

Keine Angst, ich war nicht dort. Und doch: Natürlich wird üblicherweise der Irak oder dessen historische Vorläufernation als Zweistromland bezeichnet; aber auch im Libanon gibt es zwei Ströme, beziehungsweise zwei Stromnetze.

Deren Hüter und neuer libanesischer Energieminister ist erstmals ein Vertreter der Hisbollah[10]. Die Hisbollah ist die schiitische, proiranische Widerstandsorganisation im Libanon. Das hat insofern einen Bezug zum Zweistromland, weil die Hisbollah im Süden des Landes regelmässig Strom vom öffentlichen Netz abzapft. Ein Fünftel des produzierten Stroms wird so gemäss lokalen Zeitungsangaben gestohlen, was für hohe Stromrechnungen und regelmässige Ausfälle sorgt.

Weise hat die politische Konkurrenz nun also dem weiss bebarteten Hisbollah-Minister das heikle Stromdossier gegeben. Fast wie einst in der Schweiz der konservative Joseph Zemp für die Radikalen die Eisenbahn verstaatlichen musste. Man merke: Politisch unlösbare Dossiers überträgt man zur Verwirklichung am besten einem Exponenten der Opposition, den man in die Regierung hievt. In der Schweiz hat es seinerzeit geklappt. Mal gucken, ob es im Libanon auch funktioniert.

Tag 17: Lessons in Gastfreundschaft

Man möchte das auch mal in der Schweiz tun. An einem Sonntag in der Stadt zwei exotische Touristen ansprechen. Die beiden gratis auf den Pilatus bringen, wo sie sowieso hinwollten. Aber weil man jemanden an der Kasse kennt und auch grad hinauf wollte, lädt man sie ein. Man möchte sie dann auf dem Berg zum Kaffee einladen und ihnen alle Berge zeigen. Mit ihnen zurück in die Stadt fahren und sie noch aufs Schiff mitnehmen. In Weggis aussteigen und mit den beiden unangemeldet bei einer Tante vorbei gehen, die ihnen aus der Küche einen Tisch voll selbst gekochter, einheimischer Spezialitäten auftischt. Den Nachbarjungen heissen, die Fremden zur Begrüssung abzuküssen. Mit den beiden Touristen über die Schweizer Lokalpolitik, örtliche Familienfehden sowie den Drogenhandel reden. Sie fragen, was sie auf ihrem Tag in Luzern noch sehen möchten und sie dann wieder auf ihren Bus führen. Nein, besser noch gleich einsteigen und mit ihnen nach Hause fahren. Und sollte ein rüder Busfahrer die Fremden mitten in der Nacht am falschen Ort aussteigen lassen, so möchte man sich gleich mit ihm anlegen und den Nahkampf suchen, obwohl man einen Kopf kleiner ist. Ihnen schliesslich eine gute Weiterreise wünschen und spätnachts zufrieden Abschied nehmen, im Wissen, an einem langen Tag zwei Freunde gewonnen zu haben. In Baalbek, wo die Überreste des weltgrössten Jupitertempels stehen, kann dem Gast solches Glück zustossen. Ja, es ist uns passiert. Und es gibt keinen Haken. Kein Betrug, keine Finte, einfach pure, grosszügige Gastfreundschaft. Perfekt zelebriert. Grossartig. Danke, Jad.

Tag 18: Eselsbrücken im Libanon

Lustig ist das Arabischlernen. Ein Kalb ist ein Hund. Eine Maus ist eine Banane. Man isst also Mäuse, und bei zwei gelben Mäusen redet man von Mauseen. Eine Banane im Wasser wäre dann wohl eine Maymaus.

«Schuh» heisst was. Ein «Schuhkran» ist ein Dankeschön, ein «Schuhfick» aber ein baldiges Wiedersehen. Schuhfack Bukra heisst «bis morgen», frei übersetzt auch «what the fuck tommorrow».

Fakät, allerdings, das heisst nichts Schlimmes, sondern nur «nur». Ganz einfach hat es Aladin: eine Lampe ist eine Lampe. Ausländer sind und haben meist «Äschnäbi». Musch Muschkä – oder im Dialekt ganz problemfrei auch Misch Muschkä – heisst «kein Problem». Geht man aber zum Gemüsestand und sagt «misch misch», so will man nicht «nix nix», sondern Aprikosen.

Wenn jemand fragt, ob ich zuhause denn ein Harem hätte, sage ich: «La, Haram». Damit habe ich die Frage beantwortet und gleichzeitg mein Bedauern darüber geäussert.

Es gibt auch ein paar einfache Lehnwörter: Ein Doktor ist ein Doktor, ein Hemd ist eine Schemise und ein Velo ist ein Biziklett. Links ist der Weg «schmal» und rechts riecht er fast ein wenig nach Jasmin. Kann einer nur den Bass spielen, dann sagt er «bass bass». Wenn Jum ein Name wäre, würde er jeden Tag («kill Jum!») um sein Leben fürchten. Tanita Tikaram heisst vielleicht in Wahrheit «Bunny Bitte», wer weiss. Möglicherweise hat sie auch ein typisches «Mummkinn», denn nichts ist hier unmöglich, in Beirut oder in Schalla.

Nun aber Challas, wirklich challas! Und wers nicht glaubt, dem sag ich es trotzdem: alle Frauen heissen hier Martha. Will man aber ein Grosses bestellen, sofern überhaupt Bier serviert wird, so sagt man «Kä Bier!»

Der Bruder ist ein Chei(b). A propos Namen: Libanesische Namen haben vornehmlich für Spanier lustige Bedeutungen, so heissen meine beiden Lehrerinnenschwestern Rana und Nada. Umgekehrt

geht der Namensspass auch. Ephrem heisst auf libanesisch (Auto)
bremse. Und die Sabine gehört im Libanon zu den Schwierigen.
Wenn mir jemand was Hübsches zum Geburtstag schenken möchte,
so würde ich mich sehr über ein arabisches Namenslexikon mit den
Bedeutungen aller Namen freuen[11]. Dafür gäbe es vielleicht einen
Bus, sicher aber ein «Busbus».[12]

Tag 19: Heidenspass mit Araberhengsten

Alles geht hier den falschen Weg rum. Nicht nur die Schrift, auch das Pferderennen. So ein Tag «at the races» ist unvergesslich, weil eben nicht nur auf der Rennbahn Araber im Einsatz sind, sondern auch auf der Tribüne. Wer einmal die Stimmung auf der Zielgeraden erlebt hat, der wird kaum mehr von Stimmung sprechen, wenn er einen mitteleuropäischen Sportplatz aufsucht. Der Jubel der rund 200 Pferdenarren ist vergleichbar mit dem Torjubel in einem mittleren, aber randvollen Bundesligastadion, wenn die Heimmannschaft getroffen hat. Mit dem Unterschied, dass beim Pferderennen jeder der Fans seinen Favoriten auf der Zielgerade aus voller Kehle anfeuert, dabei im halben Sektor herumspringt und ganz aus dem Häuschen gerät.

Das einzige ungute Gefühl bei meinem «day at the races» hatte mit dem Polizisten zu tun, der für die Sicherheit zuständig war. Er setzte sich in die gleiche Reihe rechts von mir und legte sich sein Gewehr auf den Schoss, so dass ich direkt in der Schusslinie sass. Ihn schien das Pferderennen nicht sonderlich zu packen. Er klöppelte gelangweilt an seinem Abzug rum. Natürlich war das Magazin geladen – wir sind im Libanon. Ich stand auf und setzte mich ein paar Reihen weiter hinten wieder hin, wo ich den nächsten verrückten Zieleinlauf entspannt genoss.

Tag 20: Ein Cleenex für alle Fälle

Wer im Libanon nach einem Taschentuch sucht, der soll nicht lange nach dem arabischen Wort suchen: Es heisst Cleenex.

Eine Packung dünnster solcher Tücher steht übrigens auf jedem Restauranttisch und auch in Imbissbuden auf der Theke. Die Papierchen dienen dort als Servietten. In Imbisslokalen ohne eingebaute Gefriertruhe werden sie aber von Kunden auch gern als Schweisstücher benützt.

A propos Schweiss: Der Taxifahrer Yussuf schützt seinen Hemdkragen mit einem hübschen Stück Papier, das er über den Kragen gefaltet trägt. Ich getraute mich nicht zu fragen, wie oft er es wechsle und ob er es am Sonntag zur Kirche jeweils wegnehme.

Das Grab des ehemaligen libanesischen Premierministers und Grossinvestors Rafik Hariri liegt am Märtyrer-Platz. Ganz in der Nähe wurde Hariri am 14. Februar 2005 durch einen Bombenanschlag ermordet.

Lahme und schnelle Hobbies im Mittelmeer bei der Corniche. Die Freizeitaktivitäten in Beirut umfassen das ganze Spektrum der möglichen Tempi.

Ein Haus im Ostbeiruter Quartier Aschrafiyya, obviously «not rebuilt».

Der leibhaftige Selfmade-Prinz Mussa empfängt vor seinem Märchenschloss täglich Dutzende von Touristen. Die Lage seines Traumschlosses ist strategisch brillant, liegt es doch direkt am Weg zum Emirspalast in Beiteddine.

Die Symbole des Friedens machen über den Dächern Beiruts gerne Kunstflug.

Strompolitik und Regierungstätigkeit sind nicht das ursprüngliche Kerngeschäft der Hisbollah. In Balbeek unterhält die radikale Organisation eine aufschlussreiche Ausstellung über ihr Schaffen.

Der Jupitertempel in Baalbek war der grösste Tempel, den die Römer je gebaut haben. Ein Familienfoto für das Erinnerungsalbum gehört natürlich bei jedem Besuch der Ruine dazu.

Vom Hügel Harissa oberhalb von Jounieh wacht die Notre Dame du Liban über das Schicksal des Landes. Sie tut dabei ihr Bestes, sieht jedoch durch den Smog auch nicht alles.

Im Tal der Gräber bei Palmyra wimmelt es von Mausoleen. Einer der gigantischen Grabtürme, die im 1. Jahrhundert nach Christus gebaut wurden, heisst «der Japanische». Auf dem Foto ist zudem ein japanischer Tourist zu sehen.

Hafiz al-Assad herrschte von 1971 bis 2000 in Syrien. In Damaskus trifft man ihn allerdings immer noch hier und dort.

Die riesigen Wasserräder in Hama wurden im 13. Jahrhundert gebaut, um Flusswasser aus dem Orontes in die Aquädukte der Stadt zu schaufeln. Heute dienen die «Norias» als Attraktion für Touristen und Sprungbrett für Buben.

Ab und an begegnet man in syrischen Ruinen nicht nur Tieren, sondern auch quicklebendigen jungen Menschen.

Im Umland des Wüstenorts Palmyra betreiben Beduinen einen blühenden Schattentauschhandel mit Touristen.

49

Die Verkehrsprobleme von einst in Palmyra mögen nicht mehr existieren, deren Lösung in Form eines Kreisels aber ist auch nach rund 2000 Jahren noch funktional.

Der Zug von Damaskus nach Amman besteht aus einem einzigen Personenwagen. Er hält auf der Strecke einige Male an, ist aber auch in voller Fahrt zuweilen langsamer als ein Velo.

Dieses Bild eines Saftladens in Damaskus soll den Leser zum Weiterschmökern animieren, obwohl im Text nie mehr von den frischen Säften die Rede ist.

In der syrischen Hafenstadt Tartus kann der Reisende mit etwas Glück Zeuge der Rettung eines abgesoffenen Bootes werden.

An dieser Stelle sei auch den Herren Assad Junior und Assad Senior noch einmal herzlich gedankt für Ihre Gastfreundschaft und den Erhalt der zahlreichen Ruinen, darunter auch diese römische in Bosra.

Zwischenhalt

Nach drei Wochen in Beirut hatte ich also herausgefunden, dass man in dieser Zeit nicht arabisch lernen kann – und dass das Amüsement in Beirut nicht gratis ist. So zog es mich nach Syrien, ins Nachbarland. Dieses ist für unbedarfte Reisende sehr geeignet und bleibt dabei im Budget.

Billig war übrigens auch die Art der Fortbewegung.

Früher, als Flugzeugflüge noch viel Geld kosteten und junge Leute deshalb per Autostopp in ferne Länder reisten, sagte man dem Weltbewandern neudeutsch trampen. In meinem Dialekt hat dieses schöne Verb auch die Bedeutung von «hineinplatzen», «auf etwas treten» oder «stolpern». Deswegen sollte das Kapitel eigentlich «durch Syrien trampen» heissen. Stattdessen klingt nun analog zum ersten Kapitel ein englischer Stabreim an, in dem zudem ein Synonym für Wüste mitschwingt.

Hier also folgt, was es zu Syrien zu sagen gibt.

Stranded in Syria

Tag 21: Grenzformalitäten

Warum kriege ich immer Probleme an Grenzen? Sehe ich wie ein Opfer aus? Strahlt mein geheimer Hass auf das Bürokratische durch meine Schmugglerfassade hindurch? Oder ist es meine Unfähigkeit zum Lügen?

Wahrscheinlich Letzteres. Als Schweizer hat man normalerweise keine Probleme, spontan an der syrischen Grenze ein Visum zu kaufen, darüber hatte ich mich eingehend informiert. Es sein denn, man übe zufälligerweise einen Beruf aus, den das syrische Regime nicht gern unangemeldet hat.

«Journalist» sage ich bei der Einreise. Und solche Leute sind im Nahen Osten gern politisch interessiert. Politisch Interessierte aber stehen der syrischen Regierung in der Regel skeptisch gegenüber, was diese wiederum nicht schätzt.

Jedenfalls löst die Berufsbezeichnung «Journalist» einen Fragenkatalog aus: Wohnort? Reiseziel? Arbeitgeber? Unterkunft?

Den Journalisten kann ich nicht mehr zurück nehmen. Die Grenzbeamten interessiert nicht, dass ich Ferien mache und auf keinen Fall arbeiten will. Und dass ein Teil meiner Mission darin besteht, den ätherischen Arbeitgeber zu vergessen, der mich in diese Wüste geschickt hat. Doch die Arbeitgeberlücke im Zollformular muss gefüllt werden. Am Liebsten möchte ich dem Zollbeamten sagen, dass es sich um einen kleinen, unpolitischen Kommerzsender handelt, für den Syrien etwa gleich interessant wie Sibirien ist. Zu spät. Der Beamte hat sich alles notiert und ist zum Chef gegangen.

Mein Pass liegt hinter der Schalterscheibe, und nichts passiert. Ich warte. Der Chauffeur meines Bustaxis wird nervös und fragt, was denn los sei. Ein Fax fehle, heisst es, vom Informationsministerium. Der Chauffeur verliert die Geduld, lädt meinen Rucksack aus und fährt weiter.

Ich bin geduldig, sehr geduldig. Als mein Pass eine Stunde lang gelegen hat, des Visamärkchens harrend, will ich doch wissen, ob es ein Problem gebe.

Man schickt mich ins Problembüro. Der nette Hauptmann, der unter Präsident Assads Bild über die Geschicke der Papierlosen verfügt, versichert mir auf Englisch, es gebe kein Problem. Nur der Fax des Ministeriums will einfach nicht kommen. Ob er denn anrufen könne, frage ich nach einer weiteren halben Stunde. Ja, schon, er könne. Und tatsächlich, er tuts! Und sagt mir dann, es gebe keine Schwierigkeiten. Der Fax aber lässt weiter auf sich warten.

Ich bin weiter geduldig, und sehr erfreut, weil ich erstens einen Tee serviert bekomme und zweitens im Ledersessel des Problembüros Zeuge werde von allerlei erschreckter und flehenden Menschen mit mangelnden Papieren. Ich versuche die Kriterien für Nichteintretensentscheide, Ablehnung und Augenzudrücken des Hauptmanns zu verstehen. Zu Arabern ist er weit weniger freundlich als zu mir, doch leider verstehe ich viel zu wenig.

Eine weitere Stunde verstreicht, der Hauptmann schliesst sein Büro, ohne das der Fax gekommen wäre, und mein Dossier wird an den Major weiter gegeben, der nun noch mal nach Damaskus telefonieren kann.

Und siehe da, 5 Minuten später, nach mehr als dreistündiger Wartezeit, findet die Formalität den Weg, und mein Pass bekommt die schöne Visumsmarke. Weil mich mit meinem grossen Rucksack kein Bus vor der Grenze mitnehmen will, überschreite ich die Grenze zu Fuss. Soldaten winken mich freundlich rein. Welcome to Syria.

Tag 22: Ankommen in Syrien

Ja, Hama hama auch gemacht. Die Stadt mit den schönen, riesigen Wasserrädern. Und der Ort, wo man das Ankommen nie vergisst. Am lokalen Markt, wo offenbar nicht alle Tage ein Tourist vorbei kommt, schreien die Männer von links und rechts «Welcome». Man glaubt es gern. Ein alter Gemüsehändler strahlt übers ganze Gesicht, zeigt dabei sämtliche paar Zähne, die ihm geblieben sind, bevor er mir zur Begrüssung ein Stück Wassermelone reicht. Ich gehe weiter Richtung Zentrum und komme an einem Elektronikgeschäft vorbei. Ein kleiner Raum voller Schalter, Stecker und Lampen, wo mich zwei Männer herein rufen. Der Chef und sein Angestellter fragen mich aus, reichen mir ihre angebrochene Oranginaflasche, machen extra Kaffee und lassen mich nicht einmal meine eigenen Zigis rauchen. Dazu unterhalten wir uns fröhlich, obwohl wir uns kaum verstehen. Grossartig.

Tag 23: Ein Fakir mit leuchtendem Picknick

Der freundliche Herr mit Bart und Kopftuch ist im typischen lokalen Pyjamalook gekleidet. Er nimmt im Bus in der Reihe hinter mir
Platz, und fällt vorerst nur durch eine gewisse ernste Aura auf. Als
der Bus losfährt, hält mich das obligate komische Video, das viel zu
laut in den Bus projiziert wird, davon ab, einzudösen. Als ich endlich
halb schlafe, weckt mich plötzlich ein Knall. Er kam vom freundlichen
Herrn hinter mir, der gerade eine Neonröhre zerbrochen hatte.

Nun beginnt er, das eine Ende wie einen Bratspiess zum Mund zu
führen und ein Stück abzubeissen. Es knirscht, als er das Glas geduldig mit seinen Zähnen zermalmt. Die Schreckensrufe im Bus
scheinen den freundlichen Herrn bei seiner Mahlzeit nicht zu stören.
Ernst murmelt er ein paar Gebetsworte und nimmt einen weiteren
Biss Neon. Brav isst er weiter, Stück für Stück, dazwischen mal ein
glasiges Lied singend, bis der Bus wegen dem Spektakel angehalten
wird.

Der freundliche Fakir wird hinaus gebeten, sein Gepäck untersucht.
Weil er offensichtlich nur Neonhunger hatte und niemandem ausser
seinem Magen etwas zu Leide tun wollte, darf der freundliche Fakir
wieder einsteigen und die Busfahrt geht weiter. Die Neonröhre ist ja
unterdessen restlos verzehrt.

Tag 24: Entspannte Ignoranz als Leitfaden

Es gibt wohl noch viele Touristen von meiner Sorte. Sie bereisen ein Land aus purer Neugier, ohne das Geringste darüber zu wissen. Sie haben keine Ahnung von seiner Geschichte, nur einen Hauch von der politischen Lage und schon gar keine Spur Kenntnis über die zahlreichen zu bewundernden Bauwerke im Land.

Ich muss dazu sagen, dass ich eigentlich ungern so unwissend reise, aber manchmal geht es nicht anders. Der Vorteil an dieser Lage ist, dass man auf überraschend viele Orte trifft, die unheimlich wichtig scheinen. Einige sind gar von immenser touristischer Bedeutung – wenn nicht für die Touristen, so doch für die Einheimischen sicher.

In Syrien handelt es sich bei diesen Orten vor allem um Ruinen. Verlassene byzantinische Steinstädte hier. Die Überreste einer uralten vorrömischen Grossstadt mitten in der Wüste dort. Kirchenüberreste hier. Steingräber dort. Auch moderne Ruinen gibts durchaus, wie die von Israels Armee 1973 komplett dem Erdboden gleichgemachte Stadt Kuneitra. Nichts ist hier mehr zu gebrauchen. Trotzdem trotzen rund fünf Familien der Geisterstadt und wohnen darin.

Das Gegenteil ist das Amphitheater von Bosra, südlich von Damaskus. Dieses ist so gut erhalten, dass man gleich für denselben Abend einen Gladiatorenkampf ansagen möchte.

Man besichtigt diese Ruinen staunend, eine nach der anderen. Hält inne bei den Resten des Pfostens des Heiligen Simon, auf dem dieser vor Jahrhunderten einige Jahrzehnte sitzend verbrachte. Offenbar hatte er ein Problem mit seiner Mutter. Ihr Anblick soll ihn so traumatisiert haben, dass er sich auf die Säule flüchtete. Er wollte allein sein, wurde aber von unzähligen Pilgern dauernd gestört.

Nun ist man also da, als moderner Pilger. Man staunt über längst vergangene Zivilisationen. Über die Dauerhaftigkeit von Steinbauten. Und über das frappierende Fehlen von Leben. Und irgendwann hat man genug Ruinen gesehen und möchte Menschen treffen. Warum nicht Beduinen?

Tag 25: Beduinen in Ruinen ruinieren

Ruinen sind die einzigen Bodenschätze der alten Wüstenstadt Palmyra. Die Einwohner sind deshalb froh, wenn die Touristen, die hierhin kommen, ab und zu ein paar Batzen dazu abgeben. Das geschieht ganz subtil, denn die Beduinen von Palmyra sind Meister des Tauschhandels.

Eben hat mir ein kleiner Beduinenbub, der extrem gut englisch sprach und extrem schlechte Zähne hatte, 1 Euro 85 verkauft. Für 120 syrische Pfund. Das sind einige Pfunde zuviel auf meiner Goldwaage.

Als wohlhabender Bürger mit freigiebigem Herzen tut man es darum gut den Japanern nach. Man geht ganz ohne Geld in die Ruinenstadt. Sorgenfrei an den lauernden Kamelvermietern vorbei, unbeschwert jeden Kopftuchverkäufer links liegen lassend, bis man sich allein inmitten eines 2000-jährigen Kreisels hinsetzt. Ganz relaxt und ohne Furcht, weil ich ja kein Geld bei mir habe, sehe ich den dicken Beduinen kommen, der auf seinem Mofa anbraust. Er sieht ein bisschen aus wie ein Walross, mit seinem Schnauz auch, und will mir ganz unschöne Ketten verkaufen. Dann jedoch zückt er einen Holzfrosch aus seinem Kaftan, den er mit einem Stab sogleich zum Quaken bringt. Ich bin fasziniert. So was habe ich noch nie gesehen. Doch ich habe kein Geld, und auch keine Lust, für dieses hübsche Souvenir weite Wege zu gehen. Aber der Beduine riecht den Reichtum, er spürt in seiner Tauschader eine Ahnung. In meinen herausgezogenen Hosensäcken kommen tatsächlich die letzten paar Münzen zum Vorschein. In der Reisetasche finde ich zudem einen Kodak-Film und 1 Franken 45 in Schweizer Münzen, welche ich ihm zum Tausch anbiete. Das Walross zeigt nur beschränkt Interesse am Fotofilm und heisst mich weiter suchen. Et voilà, ich besitze tatsächlich ein Objekt, das seine Begierde geweckt hat: Mein blaues Sackmesser, das mich seit 5 Jahren ständig begleitet, treu und unabdingbar. «Unverkäuflich», sage ich dem Walross, doch der will es nicht verstehen. Also gut, Sackmesser gegen Frosch, sage ich, und nach einigem Hin- und Her ist der Deal des Sommers perfekt. Ich hab den lustigen Wüstenquaker erstanden, und der dicke Ali besitzt ein Original Schweizer Taschenmesser. Nun bin ich ganz glücklich und sicher, dass ich keine Wertsachen mehr auf mir trage. Bei der nächsten Beduinenhütte will ein Hausmeister Feuerzeuge tauschen. Ich gebe ihm mein Chesterfield-Ding und kriege eines, das zwar voll ist, aber trotzdem nicht funktioniert. Am Abend kehre ich ins Dorf zurück und komme an einem Souvenirstand vorbei. Hier stehen die blöden Holzfrösche zu Dutzenden in allen Grössen in Reihe. Ein Junge kommt und bettelt um europäische Münzen. Ich gebe ihm meine 1 Franken 25 und wünsche ihm, dass er sich dafür Zahnpasta kauft.

Tag 26: Mittelalterliche Märkte

Die Busse in Syrien sind behände. So findet man innerhalb nützlicher Frist aus der Wüste heraus, sofern man sich nicht zu einer überteuerten Oasensafari hat überreden lassen.

Ich bin also in Aleppo im Norden Syriens gelandet, wo die Männer mit farbigen Kopftüchern und hellen Schlafröcken herumlaufen und die Frauen manchmal ganz in Schwarz, und manchmal auch gar nicht.

Aleppo ist der Orient, so wie er mir gefällt. Es gibt hier einen riesigen arabischen Markt, der mit seinen Hunderten von Gassen fast noch gleich funktioniert wie vor Jahrhunderten.

In der Metzgergasse liegen Schafsköpfe auf, umgarnt von Schafsfüssen und umsurrt von unvermeidlichen Fliegen. An der Gemüseecke wühlen arabische Damen in Haufen von Auberginen, Gurken und Feigen, und in der Zuckergasse hat ein Zuckermann einen schönen dreifarbigen Zuckerstock gebaut.

Um die Ecke rattert mal ein Töff voller Karacho durch die Leute, mal trabt ein Bauer auf einem quietschenden Esel.

Das frisch gebackene, heisse Fladen-Brot legen die Bäcker hier mitten auf der Strasse aus. Oder sie hängen die frischen Fladen aufs Geländer neben der stark befahrenen Kreuzung.

Hier tu ich nun, was in Aleppo sonst alte Männer tun: Ich sitze rum, trinke Kaffee und rauche. Einmal in der Woche nehme ich ein Dampfbad und gucke verschämt zu, wie sich die Einheimischen gegenseitig einseifen und abschrubben.

Tag 27: What a lonely planet indeed

Schwimmen im Tourismusstrom kann ich gut. Es ist eine mühelose und unterhaltsame Tätigkeit. Man geht Dinge gucken und findet Unterkünfte und reist voll easy, doch manchmal wird es etwas eng. Ich glaube es ist die Lonely Planet-Bibel, die daran schuld ist. Man sollte keine solchen Rucksackreisebücher mehr kaufen, vor allem wenn man nichts über ein Land weiss, in das man reintrampt. Sonst gerät man beispielsweise in Syrien leicht ins Ruinenabklappern. Man liest und hört von Leuten, die dasselbe Buch lesen. Man liest von Sehenswürdigkeiten, die man ausser Landes nicht einmal des Drandenkens für würdig gehalten hätte. Und weil man sich ja abgrenzen möchte und nicht strömig reisen möchte, ist man gezwungen, die monopolistische Reiseanleitung heimlich unter dem Schlafsack zu konsultieren. Das ist das Mindeste an Würde, die man wahren sollte. Unbegreiflich sind mir Paare, die mit der blöden Backpackerbibel vor der Nase durch Pärke stolpern und nach empfohlenen Restaurants suchen, ohne zu gucken, was sonst noch passiert. Ich möchte mal einen Reiseführer schreiben: «Syrien in 14 Tagen, ohne Ruinen».

Tag 28: Raucherwaren zum Pflücken

Ich bin ja eigentlich ein Genussraucher. Es erfreut darum mein Herz, wenn der alte Zigarettenverkäufer am Markt von Tripoli «Sirup für die Lungen» ausruft. Aber in Syrien kann einem die Lust am Rauchen vergehen. Besonders, wenn man die Angewohnheit hat, gerne einheimische Zigarettenmarken auszuprobieren. Hier heisst das konkret: saudische Zigis schloten.

Und dabei beginnt sich bald ein Gefühl in der Brust zu entwickeln. Das Gefühl sagt dir, dass Rauchen vielleicht doch ungesund sein könnte, entgegen der bisherigen Erfahrung. Interessant ist, dass dieser Effekt ganz ohne grossbuchstabige Warnungen auf der Packung eintritt.

In Beirut hatte ich die ersten drei Wochen eine Rauchpause eingelegt. Dann ging ich an ein «Kent Event»[13]. Das «Kent Event» ist ein Anlass, der junge Leute mittels tollen Parties zum Rauchen bewegen soll. Dies geschieht erstens mit Hilfe von putzigen Hostessen, die sehr adrette Figuren und fast keine Kleidung tragen. Sie strahlen das aus, was man als die typische Kentfröhlichkeit kennt. Wenn du Glück hast, schenken sie dir eine Einladung für das nächste «Kent Event». Zusätzlich wird man auch durch die Party-Dekoration sehr zum Probieren ermuntert. Alle Säulen rund um den Partypool sind mit Kentpäckchen garniert. Die Zigis kleben mit Hafties an den Wanden. Hopps, und schon hat man eins gepflückt und zum Tisch genommen. So einfach ist es, nach einigen Wochen Rauchpause wieder anzufangen.

PS: Von Mussiba kam nach der Lektüre des vorangegangenen Abschnittes die Anregung, warum ich als Raucher in Beirut nicht der Nagile verfallen sei. Zu dieser populären Wasserpfeiferei ist zu sagen, dass ich sie nur einmal probiert habe. Im Verhältnis zum verwässerten Rauchgenuss, das die Pfeife bietet, sieht das Nuckeln am Schlauch in meinen Augen einfach zu doof aus.

Tag 29: Gruppenschrubben im arabischen Bad

Was ein Hammam ist, weiss man ja seit einiger Zeit auch in Europa. Ich gehöre allerdings nicht zu den Leuten, die zuhause ohne Berufszwang solche Wellnesslokale aufsuchen. Und jenes sardinenbüchsige Sitzdampfbad für eine Person, das ich einmal in Frankreich mit Hammam beschriftet sah, hat nun wirklich nichts zu tun mit den arabischen Bädern in Damaskus.

Viel ähnlicher sind die Hammams dort den russischen Bädern – ausser dass man sich nicht mit Birkenruten abpeitscht. Und man ist im Orient etwas züchtiger. Alle schwitzen und baden zwar zusammen, aber um die Hüfte haben sie stets streng ein Tuch geschwungen, das niemand zu keiner Zeit ablegt. So gehört es sich.

Die Einheimischen und die Touristen aus orientalischen Ländern gehen in Gruppen ins Bad. Ich rede hier natürlich nur von den Männern, die Frauen haben separate Bäder. Das Dampfbad ist vielleicht schlafzimmergross, mit zwei kleineren Nebenräumen, und man sieht nur einen Meter weit – wegen des Dampfs halt. Der Dickste und Älteste einer Gruppe Gäste legt sich nun flach auf den Boden und lässt sich von seinen kleinern Brüdern einseifen. Hinten und vorne. Ausgiebig.

Dann schöpft man mit einem kleinen Blechnapf bei einer Fontäne im Raum Wasser und spült sich gegenseitig ab. Ein herrliches, frisches Gefühl, bei dieser Hitze. Nach dem Bad empfängt einen der Masseur, der die Leute im 7-Minuten-Abwisch abfertigt. Ist man dann, nach dem dritten Hin- und her, komplett aufgeweicht und müde, kriegt man trockene, weisse Tücher um Kopf und Schultern. So setzt man sich in die Eingangshalle, die Cafeteria und Garderobe in einem ist. Dort gibts einen Tee, man atmet tief ein, und geniesst das höchste aller Gefühle: Die frische Verschmutzung eines porentief gereinigten Körpers durch eine saudische Zigarette. A propos Saudis: Sie kriegen vom Badmeister unfairerweise zur eigener Verhüllung in der Sauna immer noch ein paar Tücher mehr.

Tag 30: Wie drehe ich ein packendes Musikvideo

Immer diese blöden Lärmfilme im Bus. Man will doch schlafen, oder wenigstens Wüstenlandschaften begucken. Aber nein, wenn nicht ein sauglatter Spassfilm läuft, so sind es Videos am Band. Man hat genug Zeit, um zu erkennen, dass die Musikclips in diesem Land bis auf ein paar Nuancen alle völlig gleich sind.

1) Ein meist etwas pummeliger, schon leicht angegrauter, mindestens aber untersetzter Sänger steht an einem Geländer oder sitzt und singt sehr melancholisch.

2) Eine Schöne erscheint ihm, die er sofort zu jagen beginnt. Er besingt sie oder schleicht ihr durch die ganze Stadt nach.

3) Diese Stadt, die als Kulisse dient, ist eine fremde, sehr berühmte. Der Sänger wird auch stets in einer Luxusumgebung gezeigt: In der Limo, im Helikopter, auf der Yacht oder in seiner Villa in einem fernen Reich.

4) Wenn er sie schliesslich erwischt, die Schöne, so gegen Mitte Video, packt er sie. Er nimmt sie auf die Schultern und wirbelt sie herum. Oder aber das Paar nimmt ein gemeinsames Bad.

5) Dann folgt eine symbolische Tanzszene mit Kussandeutungen, sehr züchtig gehalten.

6) Zum Schluss verabschiedet sie sich, sie entgleitet ihm und er bleibt wehmütig und melancholisch wie am Anfang zurück.

Tag 31: Encounters of the Gulf kind

Die Leute vom Golf sind im Libanon und in Syrien etwa das, was amerikanische Touristen in der Schweiz. Sie kommen bei politisch stabiler Lage in Scharen angereist, um sich in den Ferien zu vergnügen. Da ihnen zuhause von strengen Regimes die Hände gebunden sind, lassen sie in den Ferien die Sau raus. Männer tun sehr gerne das, was weltweit viele Männer gerne tun: Trinken und huren.

Im Libanon stehen dazu am Strand und in den Bergen reihenweise Vergnügungszentren bereit, mit internationaler Belegschaft. Dort pflegen die reichen Saudis mit Geld um sich zu werfen und werden deshalb einerseits als Devisenbringer geschätzt, andererseits nicht gerade heiss geliebt. Mancher Ölstaatler hat halt noch ein dickeres Auto als es sich die einheimischen Gangsterbosse leisten können. Soweit zu den Klischees[14].

Es gibt aber auch sehr angenehme Begegnungen unter Touristen. Mit den beiden saudischen Familienvätern im Bad, zum Beispiel. Sie sind im Schnitt 10 Jahre früher Vater als europäische Männer und haben mindestens doppelt so viele Kinder. Oder der Geschäftsmann aus Dubai, der mich in Damaskus zum Sandwich einlädt und stolz darauf ist, dass seine Stadt die sauberste der Welt sei. Sehr sympathisch, der Mann. Fast so liebenswert wie die beiden Touristen aus Oman. Sie sind gross, schlank und haben dunkle Wüstengesichter. Man sieht ihnen das beschränkte Reisebudget an. Gekleidet sind sie im Nachthemd und Sandalen. In der Imbissecke bieten sie einem vom Tisch gegenüber einen Biss von ihrem Sandwich an, bevor sie essen. Weil es in ihrem Land so Brauch ist – und weil man so ins Gespräch kommt.

Tag 32: Inspiration für einen Strassenfilm

Die Mercedes, die waren wirklich mal gut. Als sie auch noch süss aussahen, und noch nicht so übergewichtig. Wir fuhren in einem 60-jährigen[15] weissen solchen Wagen zu fünft hinauf zum Ritterschloss[16], von Palmyra aus. Zuerst durch die Wüste, dann den Berg hoch. Dort musste das alte Auto zwar in den ersten Gang, aber es hielt durch. Man konnte auch den Motor nicht mehr abstellen, aber das war sekundär.

Dafür könnte man mit dem Wagen vielleicht einen Road movie drehen: Armer Mann aus armen Land fährt seinen Oldtimer mit Jahrgang 1946 in dessen Heimatland zurück. Stell dir mal die Hindernisse und Erlebnisse unterwegs vor. Grenzkontrollen, verwunderte Passanten, Autostopper. Der ursprüngliche Plan ginge am Schluss dann doch nicht auf. Weil der Motor zu wenige originale Teile enthält, was bei solventen Sammlern der alten Welt schnödes Nasenrümpfen auslöst. Reich würde der arme Mann also nicht. Aber er wäre wenigstens über ein paar Grenzen gekommen und hätte viel gelernt, unterwegs. Und es hätte Spass gemacht. Nachdem er merkt, dass ihm wildfremde Leute um seine schöne alte Kiste beneiden, fährt er sie gerne wieder heim. Und wenn sie nicht verrostet ist, dann fährt sie heute noch. Mit Sicherheit.

Tag 33: Der Zug ins Niemandsland

Die Geschichte der alten Bahn ist sehr romantisch. Sie fuhr schon zu Zeiten von Lawrence und den Arabern von Damaskus nach Amman. Damals karrten die Osmanen ihre Soldaten mit dem Zug in die Wüste, eben um jenen Lawrence und die Araber zu bekämpfen. Dem Zug wurde also seit Ewigkeiten übel zugesetzt, aber so traurig wie heute ging es ihm noch nie.

Früher war auch die Heraz-Endstation in Damaskus von grossem Glanz. Nun steht zwar das schmucke Gebäude noch, aber die Geleise wurden herausgerissen. Statt dass Züge hin und her fahren, entsteht dort ein bombastischer Block von einem Gebäude; das alte Bahnhofhaus verkommt zum verzierten Eingangstörchen eines Verwaltungskomplexes.

Der neue Bahnhof von Damaskus ist etwas näher am Stadtrand, und der Zug nach Jordanien fährt nur noch zweimal pro Woche. Dafür immerhin noch in beide Richtungen.

Die ganze Strecke dauert im Zug fast einen Tag und etwa doppelt so lang wie mit einem Auto. Wer nun eine schöne alte Dampflok erwartet, wird aber enttäuscht. Der Zug besteht aus einer gewöhnlichen, unspektakulären Diesellok, gefolgt von einem offenen Güterwagen mit Ersatzgeleisen, falls einmal ein Stück fehlen sollte. Dahinter kommt ein einzelner alter Passagierwaggon. Eine dicke Schicht von Wüstensand auf den schwarzen Polstern überdeckt allfällige Reste von Romantik.

Im Zug sind ungefähr fünf Leute. Da ist noch ein anderer Bahnromantiker[17], ein Australier, der gerne Geschichten erfindet. Ausserdem reist eine jordanische Familie mit. Sie wollen ihren Kindern das Erlebnis Zugfahren bieten, sagen sie. Mit an Bord sind auch ein oder zwei syrische Kontrolleure. Sie gucken, dass man unterwegs keine herumstehenden Panzer oder Kasernen fotografiert.

Tomatenfelder darf man. Die grünen Flecken mit viel Volk in der Wüstenlandschaft springen einem ja geradezu in die Linse. Der Zug fährt nie schneller als ein lockeres Lauftempo. In Ortschaften kommt es vor, dass ein doppelt besetztes Fahrrad auf dem Holperweg den Zug überholt! Was an der jordanischen Grenze noch Spannendes gekommen wäre, weiss ich leider nicht[18]. Ich bin vorher ausgestiegen und nach Bosra gegangen, wo unter anderem ein spektakuläres Römertheater steht.

Tag 34: Schwierigkeiten einer Schwedin

So schön Syrien ist, so beschränkt bleibt der Einblick in die kulturellen Unterschiede, wenn man ein Mann ist. Wieviel spannender tönt die Geschichte von Svenia, die mir auf der Flucht von Damaskus nach Beirut ihr Herz ausschüttet. Svenia ist 20 und blond. Ihr grosses schwedisches Herz pumpt echtes Wikingerblut.

So zog sie entgegen all ihrer Vorurteile bei einem erfolgreichen syrischen Geschäftsmann in dessen Appartement. Da sie keine Miete zahlte, rechnete sie im Austausch durchaus mit einer Erwartungshaltung erotischer Natur. Deutliche, offene Kommunikation, welche jegliches Interesse von schwedischer Seite ausschloss, sollte für klare Verhältnisse sorgen. Die Avancen des Gastgebers im 15-Minuten-Takt wurden der jungen Dame dann aber doch zu intensiv, so dass sie sich nach mehreren Wochen Versuchsbetrieb für die Flucht entschied. Unversehrt und siegreich geblieben einerseits, doch beraubt um eine hübsche Illusion interkultureller Kollokation.

Die furchtlose Wikingerin wagte sich in Damaskus noch auf eine andere öffentliche Schlachtwiese. Sie versuchte nämlich, in einem Park ein Buch zu lesen. Als Blonde und alleinsitzende Frau erwies sich dies allerdings als unmöglich. Nach wenigen Minuten war sie von ein paar kurdischen Jungs umringt, die sich mit der Exotin unterhalten wollten. Diese hatte jedoch keine Lust zum plaudern – sie wollte ja lesen! – und schickte die Jungs zum Teufel, was wiederum denen nicht passte. Der Tumult rief einen Schwarm älterer Syrer auf den Plan, die nun ihrerseits die Aussersyrische dringlich baten, den Park zu verlassen und nach Hause zu gehen. Dies war aber ein Grund für die Jungs, gegen die Älteren für das Recht der Frau einzusprechen. An die Lektüre eines Buches war nicht zu denken, und die Gruppe streitender Männer im Park wurde erst durch die Polizei aufgelöst. Diese trat in siebenköpfiger Formation auf den Plan, verhörte die Schwedin und durchsuchte ihre Tasche. Nach diesem Tag war ihr die Lust am Musse tun im Park vergangen.

Tag 35: Kleine Kleiderkunde

Wie bereits angetönt, träume ich von einem Katalog der orientalischen Kostüme. Welcher modisch versierte Orientalist publiziert einen illustrierten Atlas aller Varianten der orientalischen Bekleidungen? Wie hilfreich wäre eine solche Klassifikation der diversen Verschleierungen, Pumphosen und Kopftücher, inklusive allfälliger religiöser Bedeutung und regionaler Verbreitung.

Ich würde stundenlang in diesem Buch blättern und wüsste dann endlich den Unterschied zwischen den schwarzweissen Arafattüchern und den jordanischen Wüstenturbanen gleichen Musters in Rot. Ebenso interessant wie die Verhüllungsstufen der Frauen ist die arabische Männermode. Wieso tragen die Saudis einen Ring über dem Tuch auf dem Kopf? Welcher Ring passt zu welchem Mann? Ist ein blendend weisser Schlafrock ein Zeichen von Wohlstand? Wo kann ich drusische Pluderhosen kaufen?

Meine Lieblingsillustration in diesem Buch wäre jene eines Touristenpaares aus Saudiarabien. Er steht stramm wie ein Italiener mit Sonnenbrille, Shorts und buntem Bermudashirt. Neben ihm seine Frau, gänzlich unsichtbar, total in schwarz gehüllt, und auch das Gesicht mit einem geisterhaften Tuch bedeckt.

Meine komischen Gefühle bei der Begegnung mit solchen verhüllten Gestalten haben mich nie verlassen. Hat diese Dame ein Verbrechen begangen, dass sie wie eine Aussätzige durch die Gegend wandelt? Oder handelt es sich bei der schwarzen Tuchgestalt gar um ein Gespenst? Ausserdem lässt mich bis heute die Frage nicht in Ruhe, nach welchen Kriterien sich die einheimischen Herren für ihre Auserwählte entscheiden. Und ob sie, mit Verlaub, die Katze im Sack kaufen oder nicht.

Tag 36: Travellertypologie für Syrien

Wenn man mit dem Rucksack durch Syrien trottet und dabei aufgrund sprachlicher Mängel leider wenige Einheimische kennen lernt, so trifft man doch auf allerhand Reisende. Diese wiederum kann man ganz gut nach Nationen schubladisieren, was ich in der folgenden Typologie versucht habe.

a) Der relaxte Engländer.

Spricht keine Fremdsprachen und redet trotzdem mit allen Leuten. Erzählt Reisestories von allen Erdteilen und scheint durch nichts aus der Ruhe zu bringen.

b) Der schüchterne Schweizer.

Sitzt allein in der Hotellobby oder liegt auf seiner Matte und liest. Er spricht mit niemandem und hält sich stattdessen an seinen Reiseführer einer bekannten Marke, den er stets bei sich trägt.

c) Die kulturell interessierte Österreicherin.

Sie hat die Sprache des Landes studiert und trägt gerne leichte Hosen mit einem Hauch von orientalischem Design. Manchmal ist sie auch mit dem Kopftuch unterwegs und trotzdem von weitem von einer Einheimischen zu unterscheiden. Sie macht gerne Notizen in ihrem Journal und geniesst die Aufmerksamkeit der hiesigen Männer, welche sie zuhause vielleicht nicht im gleichen Ausmass bekommt.

d) Der weit gereiste Ire.

Er trägt einen Rossschwanz und hat mindestens ein Ohr und eine Intimstelle verpierct. Mit einer teuren Kamera macht er viele Fotos, welche er mit dem mitgebrachten Laptop sofort im Internet publiziert. Er erzählt auch gerne von seinen Reisen, die jedoch alle erschreckend eintönig klingen.

e) Die schöne Deutsche und ihr Boyfriend.

Sie wandeln eingespielt und innig, untrennbar durch Gassen und Lobbies. Unabhängig aussehend, gönnt sie sich hie und da einen individuellen Blick nach links oder rechts. Ihre Augen versprechen aber selten mehr, als ihr ständiger Bewacher erlauben würde.

f) Die überforderte Französin.

Findet sich im fremden Lande schlecht zurecht und spricht vornehmlich mit Landsleuten, wenn sie sich nicht auf einem ihrer ausgedehnten, einsamen & stummen Stadtspaziergängen befindet. Sie bildet oft Aber-Sätze, die nicht rassistisch tönen sollten, weil sie es ja nicht so meint, wie sie es aber sagt.

g) Die gut gestellten Holländer.

Sie reisen zu Zweit oder in Gruppen und verfügen über grosse finanzielle Mittel. Sie essen gerne in französischen Restaurants, leisten sich überall einen Führer und wenn der Bus hält, steigen sie selbstverständlich zuerst ein. Sind die gut gestellten Holländer Franzosen, so sprechen sie alle Einheimischen mit einem unverständlichen Englisch an.

f) Der unverwüstliche Japaner.

Reist alleine und hat viel Zeit. Seine Mittel sind sehr bescheiden, sowohl die materiellen wie die sprachlichen. Dass er kaum ein Wort spricht, scheint ihn aber nicht zu stören. Von Natur aus ausdauernd, pflegt er auf sämtliche Transportdienstleistungen zu verzichten, spart sich die Taxe und sucht die touristischen Punkte zu Fuss auf.

h) Die junge Frau aus Singapur.

Ist in der freien Wildbahn kaum zu fassen, weil sie die Länder aller Erdteile in unmenschlichem Tempo durchfräst. Bleibt niemals mehr als einen Tag am selben Ort und pflegt die bereisten Länder der Welt buchhalterisch zu zählen. Weiss zwar die steigende, zweistellige Zahl der besuchten Länder stets aufs Land genau, kann sich allerdings nicht mehr an alle Namen erinnern.

Tag 37: Syrische Sexheftli

Liebe Freunde der Pornographie und Armeeangehörige, auch ehemalige. Die Hemmschwelle zum öffentlichen Gebrauch von nackten Phantasiehilfen ist in uniformierten Männergesellschaften bekanntlich tiefer als anderswo. Das gilt auch für das prüde Syrien, wo ich das Vergnügen hatte, mit einem Bus voll junger Soldaten nach Tartus zu fahren. Die bunten Jungs guckten auch hier in Hochglanzmagazine. Dabei handelt es sich jedoch keineswegs um herkömmliche Herrenheftli, sondern um westliche Mode- und Luxuszeitschriften. Die auf den Modestrecken und Werbungen abgebildeten Models, obwohl meist noch knapp züchtig angezogen, sind für die an Verhüllung gewohnten Syrer offenbar anregend genug.

Tag 38: Zurück nach Beirut (Horror!)

So macht sich der Reisende zurück auf den Heimweg, das Herz voller Fröhlichkeit und den Rucksack voll schwerer Souvenirs aus Damaskus. In Beirut wäre er allerdings fast nicht angekommen, denn dazwischen liegt eine besonders rasante, nächtliche Fahrt im Minibus. Die Fahrt war haarsträubend im wörtlichen Sinn und man kriegt unterwegs einige Gelegenheiten, sein Leben zu überdenken und sich das Jenseits vorzustellen.

Der Fahrer scheint vom Affen gebissen, obwohl die dunkle Bergstrasse noch stark befahren ist. Man findet das Tempo überrissen und freut sich bei jedem aufkreuzenden Hindernis am Horizont, beispielsweise einer Kurve oder einem breiten Lastwagen, weil man sich eine kleine Bremsung erhofft. Zum Graus der Passagiere denkt der Fahrer jedoch keineswegs ans bremsen, sondern überholt den Laster gleich in der Kurve, ohne auf den Gegenverkehr zu achten. Dabei hatte man ihn noch klagen gehört, vor der Abfahrt, über das Schicksal der armen Taxibusfahrer, welche immer in Unfälle verwickelt würden. Man beginnt, nach Stossgebeten zu suchen. Ein rauchendes Buswrack am Strassenrand trägt wenig zur Beruhigung bei, und man ist dem Spinner sogar dankbar, als er die Reisenden bereits am Stadtrand an einer dunklen Ecke rauskippt, statt bis zum Busbahnhof zu fahren.

Der freundliche Mitreisende findet die vorzeitige Ausladung aber sehr unschicklich und möchte sich mit dem Fahrer anlegen. Leider ist er nur etwa 1 Meter 60 gross, und man rät ihm dringend von einer Schlägerei ab[19]. Willkommen zurück in Beirut, wo die Luft auf der Haut klebt und man sich des Lebens freut.

Tag 39: Wohnungsangebot mit Haken

Ein kleiner Nachtrag für jene, die sich nach einer Bleibe in der libanesischen Hauptstadt umsuchen. Eine günstige Möglichkeit ist das Foyer des Garcons, das jedoch, wie der Name sagt, Buben vorbehalten ist. Das hat für die Bewohner leider den Nachteil, dass sie von Mädchen nicht besucht werden dürfen und dass sie nach 11 nicht mehr aus dem Haus dürfen. Um die Gültigkeit dieser Regeln zu überprüfen, macht man sich trotzdem zum Besuch auf. Der Direktor des züchtigen Foyers sieht aber gar nicht wie ein sittsamer Mann aus, er gleicht überraschenderweise eher einem Zuhälter. Im Unterhemd sitzt er rauchend und laut telefonierend hinter seinem Schreibtisch. Auf dem Bildschirm seines Computers steht ein ungelöstes Solitaire-Problem. Am TV tanzt dazu Shakira[20], auch sie trotz der tiefgekühlten Zimmertemperatur nur leicht bekleidet. Wenn auch der günstige Mietpreis einen Blick in das Foyer rechtfertigte, habe ich nach dem Blick ins das Direktorenbüro genug gesehen.

Der Herr Direktor bestätigte mir auch das Gerücht, dass es in seinem Institut einen «Curfew»[21] gebe. Und auf die Frage, ob es keine Ausnahmen gebe, antwortete er wortlos in der arabischen Art: Mit einem leisen Schnalzen und gleichzeitigem Blick nach oben. Verstanden: Niet.

Tag 40: Inbegriffene Installationsarbeiten

«Free Delivery» steht in Beirut auf jeder Speisekarte und an jedem Imbisstresen. Das ist man der Konkurrenz schuldig. Das gilt aber nicht nur für Esswaren, sondern auch für schwere Haushaltsgeräte. Dort heisst der Slogan «Free Installation». Man geht also in den Supermarkt und kauft eine Klimaanlage für sein Zimmer im Haus. Der Einbau auf eigene Verantwortung im gemieteten Appartement scheint kein Problem zu sein, obwohl die Gratisinstallation mit ein paar Tagen Wartezeit verbunden ist.

Eines Abends hupt es in der Gasse unten, und der Handwerker ist da. Er kommt mit seinem 9-jährigen Sohn, der gut Grimassen schneiden kann. Ich möchte ihn gerne fragen, ob er seine Hausaufgaben schon gemacht hat. Doch er steckt mir die Zunge raus. Nicht inbegriffen im «Free installation»-Dienst ist das Verräumen der Kartonkiste der Klimaanlage und das Aufwischen des Bohrstaubes. Ein Backschisch – zum Beispiel für das Schulgeld des Buben – ist fakultativ.

Nicht gratis ist die Installation des Internets. Dafür ist die mit einem eintrittswürdigen Spektakel verbunden. Die Herren Installateure klettern auf das Dach des Nachbarhauses, wo sich ein Kabel ins weltweite Netz befindet. Dieses wird angezapft, worauf das Kabel mit einem Stein über die Gasse geworfen wird – vom Nachbardach aus auf den Balkon. Fertig ist der Anschluss.

Bei der Auswahl der Installateure ist jedoch Vorsicht geboten. Sonst lässt man sich die Fernsehbilder von irgendwelchen Kabelpiraten liefern, die monatlich die Gebühren cash einkassieren, obwohl sie das TV-Kabel illegal beim Nachbarn angezapft haben. Alles schon vorgekommen hier.

Tag 41: Bye Bye Beirut

Nun, es ist Zeit, Abschied zu nehmen. Im Rückblick war es doch noch recht amüsant, obwohl mein Arabisch es nie auf einen grünen Zedernzweig geschafft hat. Immerhin habe ich am zweitletzten Tag noch einen kulturellen Abend mit traditionellen libanesischen Barden erlebt: Die ganze Beiz steht auf und tanzt. Und besonders sympathisch war der singende Wettstreit der zwei Barden, die sich zum Abschluss abwechseln gegenseitig Verse um die Ohren schlagen. Reimstunde auf libanesisch. Wer der Sprache nicht mächtig ist, muss sich die Blumen der Poesie selber ausmalen.

Den letzten Abend gehen wir ins «Prague». Das Prague ist ein Pub in Hamra, das gerade ‚in' ist und darum recht voll. Viele schöne junge Libanesen beiderlei Geschlechts vergnügen sich hier an allen Wochentagen. Das Bier ist mit 5 Dollar zwar etwas teurer als in vergleichbaren Lokalen in Zürich, doch die Stimmung ist grossartig. An die Wand wird ein alter amerikanischer Horrorfilm projiziert und gespielt werden Partyklassiker. Dass die Warteliste für die Sitzplätze nicht so funktioniert wie versprochen, stört uns nicht. Man kann sich auch stehend amüsieren und kommt mit verrückten einheimischen Filmern ins Gespräch. Ein bisschen wehmütig blicke ich zwischendurch auf den Franzosen mit den blonden Rastas, der einsam an der Bar steht, und den ich am nächsten Tag am Flughafen wieder sehen sollte. Die Kommunikation mit Fremden wird zuhause wohl wieder ein bisschen schwieriger werden. Schade eigentlich.

Der Preis für die Taxifahrt zurück zum Flughafen ist versöhnlich. Glücklicherweise habe ich am Tag vor der Abreise gerade rechtzeitig den Taxifahrer aus dem Nachbarhaus getroffen, als er sein Taxi für den Familienausflug packte, und mit ihm abgemacht. Ich muss am anderen Morgen zwar zwei Wakeup-Calls tätigen, doch er bringt mich sicher wieder zum Flughafen. Bye bye Beirut – auf Wiedersehen.

Nachwort

Die Geschichte dieses Buches begann am 11. September 2001. Als die Welt durch die Terroranschläge in den USA erschüttert wurde, bekam ich es nicht mit. Drei Tage lang erfuhr ich rein gar nichts von den Gefügen der Welt, die sich verschoben hatten. Dabei war ich gar nicht so weit weg, nur am Wandern im Tessin. Noch heute bin ich dankbar zu wissen, dass man sich selbst in der Schweiz locker ein paar Tage ganz vom Weltgeschehen abseilen kann.

Eine Woche nach diesen Ereignissen hatte ich mit einem Freund eine Reise in den Libanon geplant. Nun mag man sich an die Aufregung erinnern, welche die Medien in jenen Tagen dominierte. Zu den Spekulationen über die Konsequenzen der Terrorattacke gehörte auch ein baldiger Rundumschlag Israels, welcher im Windschatten der arabischen Aggression unsere herbstlichen Reisepläne unmittelbar bedrohte.

Die mahnenden Worte der besorgten Mutter meines Freundes, verbunden mit ihrem unwiderstehlichen Angebot zur Rückerstattung des bereits bezahlten Flugpreises, führten schliesslich zur Begrabung des Reiseplans. Selbst ein Anruf auf die Schweizer Botschaft in Beirut, wo eine nette Dame mir die friedliche Aufbruchsstimmung im Libanon in den schönsten Farben ausmalte, konnte den Entscheid nicht umstossen.

Wir bummelten stattdessen drei Wochen durch die Beneluxstaaten. Zurück blieb eine leise Enttäuschung über die nicht gewagte Expedition in den Orient, verbunden mit dem Vorsatz, sie irgendwann nachzuholen.

Um beim nächsten Mal besser vorbereitet zu sein, wollte ich die arabische Sprache studieren. So belegte ich Migros-Kurse in Solothurn und büffelte in einer Volkshochschulklasse in Zürich. Lustigerweise wurde ich so Teil eines Arabischbooms in der Schweiz, den die meuchelnden Gotteskrieger in ihren Plänen wohl nicht einkalkuliert hatten.

Im Sommer 2005 kam dann die Gelegenheit zur Wiederaufnahme des Reiseplans, als mich ein unpassender Arbeitgeber in die Wüste schickte. Ich nahm ihn beim Wort und machte mich diesmal allein auf die Reise.

Endlich konnte ich meine während Monaten im Studierzimmer gepaukten Arabischvokabeln an lebenden Exemplaren ausprobieren.

Diese prägenden Erfahrungen wollte ich der Welt keineswegs vorenthalten. Die Idee eines Blogs begleite mich deshalb von Anfang an. Weil ich jedoch nicht die Hälfte meines Aufenthalts in jenen tiefgekühlten Internetkaffees verbringen wollte, verschob ich die Publikation meiner Notizen auf meine Rückkehr.

So entstand im Herbst 2005 die Website arabeserk.net, auf der im Wesentlichen die Texte und Bilder dieses Buches erstmals veröffentlicht wurden.

Trotz vergleichsweise primitiver Blogtechnik erfreute sich die Seite reger Kommentare. Besonders Spamroboter posteten massenhaft interessante Repliken auf meine Beiträge. Die Resonanz liesse wohl manchen Berufsblogger erblassen: Mehrere Tagebucheinträge erhielten Zehntausende von teilweise sehr sinnigen Kommentaren.

Bevor mein Bericht in den Untiefen des Internets ganz zugemüllt wurde, entschied ich mich dazu, die Kommentarfunktion auszuschalten.

Mein Publikationsdrang gab aber noch immer keine Ruhe. So wie ich mir eingeredet hatte, das Internet hätte lange auf diese Arabeserk-Seite gewartet, denke ich nun, dass dem ansonsten gesättigten Buchmarkt dieses Buch schmerzlich fehlt.

Ich bin mir gleichzeitig bewusst, dass ich vielleicht glücklicher wäre, wenn mein Mitteilungsbedürfnis mal nachts rausginge, um Zigaretten zu holen, und nie mehr zurückkäme. Jedenfalls dachte ich mir, dass dieses kleine libanosyrische Reisetagebuch gut in mein Büchergestell passen würde. Umso besser, wenn ich damit auch dem einen oder anderen Libanonphilen oder Damaskusinteressierten eine Freude machen kann.

Im Nachklang der Finanzkrise 2008, an der Karrieren von Bankern und Milliarden von Moneten zerbrachen, eröffneten sich mir dann einige Zeitfenster zur Nachbearbeitung der Pendenzenbrache. So startete ich mit diesem Projekt einen Versuchsballon als Eigenverleger. Damit schliesst sich meine arabische Saga vorerst. Ich hoffe aber, dass die Geschichte eine Fortsetzung findet – irgendwann.

Zürich, im Februar 2009

Editorische Notizen

[1] Für aktuelle Informationen aus der Region ist der Beirutreporter zuständig. Besonders erhellend sind seine vorausschauenden Analysen der politischen Entwicklung des Libanons, aber auch seine Kenntnisse des Beiruter Nachtlebens sind sehr zu empfehlen. www.beirutreporter.de

[2] Der Titel dieses Buches und des ersten Teils hat keinen direkten Bezug zum Inhalt, sondern entspringt der reinen Freude des Autors an verwirrenden Stabreimen. Natürlich war die Langeweile das Trottoir, aus dessen Rissen die Triebfeder dieses Berichts sprang. Die Leserschaft aber sollte davon nichts mehr spüren. Dass der Buchtitel englisch ist, mag bedauerlich sein, ist aber wahr.

[3] Die Angst im Sommer 2005 war rückblickend unbegründet und das Gerücht insofern falsch. Zwar wurden in der Zwischenzeit Anschläge auf einige andere Politiker und Journalisten verübt, Siniora selbst wurde aber verschont, wohl nicht zuletzt aufgrund des eindrücklichen Sicherheitsdispositivs vor seiner Haustüre.

[4] Die Sprachschule, die ich hier gerne weiterempfehle, heisst ALPS. Der Name ist keine Andeutung auf die Höhe der zu erklimmenden Sprechgipfel, sondern eine Abkürzung für Academy of Languages and Practical Skills. Praxis ist das oberste Ziel des Unterrichts und die Preise für tägliche Privatstunden im libanesischen Dialekt sind ebenso charmant wie die einheimischen Lehrerinnen. Geführt wird die Schule von Baptisten. Von dem Hauch von Superchristentum, der durch das Schulgebäude zieht, sollte man sich aber nicht abschrecken lassen. Schliesslich kennen auch amerikanische Missionare keine Berührungsängste. Die ALPS befindet sich im Beiruter Stadtzentrum an der Sourati Street im Ras Beirut Center Building. Info: ++961-1-755025, alps@abtslebanon.org

[5] Was für Nasen gilt, kann übrigens auch für Brüste gesagt werden. Beiruter Busen wäre die Alliteration dazu.

[6] Die Bergregion Schuf ist das Herzland der libanesischen Drusen. Das Gebirge liegt südöstlich von Beirut. Es wird im Deutschen eigentlich meist als Chouf, Shouf, Shuf oder Chuf bezeichnet. Wenn es schon so viele Schreibweisen gibt, steuere ich aber gerne eine neue bei, die auch der lokalen Aussprache entspricht. Zudem erinnert mich der Schuf so an das Karl-May-Buch «Der Schut», das sogar in der gleichen Gegend spielt.

[7] Das UNRWA ist das Hilfswerk der Vereinten Nationen für Palästina-Flüchtlinge im Nahen Osten. Das temporäre Hilfsprogramm der UNO wurde seit der Gründung 1949 regelmässig um je drei Jahre verlängert.

[8] Wie so oft in der Vergangenheit, wurden auch diese Hoffnungen enttäuscht. Auf den Krieg mit Israel im Jahr 2006 folgten Jahre der innenpolitischen Krise, die bisher keine deutlichen Verbesserungen der Lage der Palästinenser im Libanon brachten. Mehrere Flüchtlingslager wurden dagegen erneut Schauplätze von Bombenanschlägen und militärischen Kämpfen.

[9] Wer sich für die politischen Abgründe und historischen Hintergründe des Libanon und seiner gordischen Konflikte interessiert, dem sei an dieser Stelle das Standartwerk «Pity the Nation» des englischen Nahostkorrespondenten Robert Fisk empfohlen. Das Buch erschien 1990 erstmals bei Oxford University Press.

[10] Mohammad Fneish war Energieminister von Juli 2005 bis November 2006, als er die Regierung verliess. 2008 kehrte er als Arbeitsminister zurück.

[11] Schön, dass Sie mir etwas schenken wollen. So ein Buch gibt es tatsächlich. Geschrieben hat es Rachad Kanawati. Beschrieben sind darin 150 arabische Vornamen und ihre Geschichte, der sinnige Titel des Buches lautet «Ali, Hassan oder Zahra?» (Verlag Alam al Kutub, ISBN 978-3-033-00646-1).

[12] Wer sich für Arabisch-Deutsche Wortspielereien interessiert, dem sei das Buch «Kubri al Hamir» von Daniel Reichenbach empfohlen. Die gesammelten und hübsch illustrierten Eselsbrücken vom «Ach» bis zum «Schukran» sind im Verlag Richard Gautschi erschienen (Thalwil, 2002, ISBN 3-9521895-0-2, www.kubri.ch).

[13] Zu diesem Zeitpunkt war die Zigarettenmarke Kent in der Schweiz noch unbekannt. Die Raucherware wurde unter dem schönen Namen Barclay angeboten. Inzwischen ist die Marke Barclay verschwunden und heisst auch hierzulande Kent. Bis zum ersten Schweizer «Kent Event» ist es also nur eine Frage der Zeit.

[14] Ein Leser wies mich darauf hin, dass die Golfer, wie ein Deutschsprachiger die Leute vom Golf durchaus nennen darf, vor allem beim Skifahren besonders liebenswert seien, wegen ihrer eigenwilligen Skibekleidung (sozusagen der Golfausrüstung). Das kann ich gut verstehen.

[15] Rechnet man die seit der Aufzeichnung dieses Berichts verstrichenen Jahre dazu, so dürfte das beschriebene Gefährt in der Zwischenzeit also das wohlverdiente Pensionsalter erreicht haben.

[16] Was hier nonchalant als namenloses Ritterschloss bezeichnet wird, ist in Tat und Wahrheit eine eindrücklich erhaltene Kreuzritterburg in der Nähe der Stadt Homs, welche die Leser des lonely planet auch als «Krak des Chevaliers» kennen.

[17] Mein treuer Leser Mussiba gibt den Tipp, dass im libanesischen Tripoli klägliche, aber sehenswerte Überreste der alten Bahn zu sehen sind. Wie sie dahin kamen oder ob sie überhaupt noch da sind, ist mir leider nicht bekannt.

[18] Von Damaskus aus führt übrigens auch eine ewig lange Bahnlinie via Homs, Hama, Aleppo und entlang der türkischen Grenze bis in den Irak. Inwiefern und inwieweit darauf noch Züge verkehren, wäre zu prüfen. Jedenfalls erscheinen in der Schweizer Reisepresse in regelmässigen Abständen Reportagen über prächtige Orientzüge von Amann bis in den Iran. Gegen diese Berichte erscheinen die von mir angetroffenen Reste von Schienenmaterial ausserordentlich kümmerlich.

[19] Dem aufmerksamen Leser ist an dieser Stelle eine leichte Parallele zum Text «Lessons in Gastfreundschaft» auf Seite 32 nicht entgangen. Tatsächlich handelt es sich bei den zwei tapferen kleinen Männern mit grossem Kämpferherzen um die gleiche Person. Die zwei Passagen beschreiben sogar die gleiche Szene, was insofern stimmt, dass die Schlussstrecke der Strasse von Damaskus nach Beirut mit

der Heimreise von Balbeek übereinstimmt. Verbleibende Fragezeichen zum Zeitpunkt des Vorkommnisses seien mit Verweis auf die narrative Freiheit für einmal einfach so stehen gelassen.

[20] Der Vater dieses kolumbianischen Weltstars ist übrigens ein New Yorker libanesischer Herkunft. Shakira ist ein arabischer Name und bedeutet «die Dankbare».

[21] Curfew (englisch für Ausgangssperre) trifft die Jugend besonders hart, weil sie im wörtlichen Sinn auf ihren Ausgang verzichten müssen. Im Internat ist der Curfew jene Stunde, wo alle Schäfchen im Bett sein müssen.

Dank

Ich danke Irene, die mich einfach ziehen liess. Meinen Arabischlehrern Jassid und Rana sowie Sybille und Marisa für ihre Ratschläge. Und all jenen, die meinen Abstecher in den Orient unvergesslich machten. Einen mindestens 1000 Meter hohen, goldenen Schuhkran gibt es für Nizar, Ngana, Katia, Alex und Jad.

Zum Autor: Claudio Zemp, geboren 1975 in Sursee, wurde im Juni 2005 von seinem Arbeitgeber zum Teufel geschickt. Noch im gleichen Sommer reiste er in den Libanon und nach Syrien. Heute lebt er als freischaffender Schreiber und Sprecher in Zürich. Er arbeitet als Reisejournalist für Radio und Zeitschriften und füllt monatlich eine Spalte im Satiremagazin Nebelspalter.